新闻发布工作手册

国务院新闻办公室对外新闻局

五洲传播出版社

图书在版编目（CIP）数据

新闻发布工作手册 / 国务院新闻办公室对外新闻局编. —2版. —北京：
五洲传播出版社，2016.9（2019.6重印）

ISBN 978-7-5085-3548-7

Ⅰ.①新…　Ⅱ.①国…　Ⅲ.①新闻公报—手册　Ⅳ.①G210-62

中国版本图书馆CIP数据核字（2016）第226982号

新闻发布工作手册

编　　者	国务院新闻办公室对外新闻局
责任编辑	高　磊
封面设计	杨婧飞
制　　作	北京翰墨坊广告有限公司
出版发行	五洲传播出版社
地　　址	北京市海淀区北三环中路生产力大楼B座7层
邮政编码	100088
电　　话	010-82005927 82007837（发行部）
网　　址	www.cicc.org.cn
印　　刷	北京圣彩虹科技有限公司
开　　本	787mm×1092mm 1/16
印　　张	7.5
字　　数	60 千
版　　次	2019年6月第2版第2次印刷
定　　价	36.00 元

目　录

一、我国新闻发布工作概况

新闻发布工作是新形势下做好新闻宣传和舆论引导工作的重要内容。经过多年实践与探索，我国新闻发布工作取得长足进展。当前，三个层次的党委政府新闻发布制度已经在全国范围基本建立，并不断向基层和企事业单位延伸。各地方各部门都配备了新闻发言人，大多设立了专门的工作机构和人员，不断健全完善工作机制，并积极开展各种形式的新闻发布活动。尤其是突发事件发生后及时主动开展新闻发布，已经成为各地方各部门的普遍做法，这是一个很大的进步。

1. 新闻发布工作的历史与现状

本节要点提示：

● 我国新闻发布工作的重要节点：

　➤ 1983 年 2 月，中宣部、中央对外宣传领导小组联合下发《关于实施〈设立新闻发言人制度〉和加强对外国记者工作的意见》；

➢ 1993 年初，为加强对外宣传工作，国务院新闻办公室（中央外宣办）开始负责国务院新闻发布和协调各部门新闻发言人工作；

➢ 2003 年，中央提出建立健全国务院新闻办、中央各部门、各省区市人民政府三个层次的政府新闻发布制度；

➢ 2006 年，国务院办公厅印发《关于进一步改进和加强政府新闻发布制度的意见》（国办发 19 号），对建立完善新闻发布制度提出具体要求；

➢ 2007 年，设立国防部新闻事务局；

➢ 2009 年，党的十七届四中全会提出"建立党委新闻发言人制度"；

➢ 2012 年，党的十八届三中全会提出"推进新闻发布制度化"。

上世纪 80 年代初，我国正式提出设立新闻发言人制度。1983 年 2 月，中宣部、中央对外宣传领导小组联合下发《关于实施〈设立新闻发言人制度〉和加强对外国记者工作的意见》，要求外交部和对外关系较多的国务院各部门建立新闻发言人制度，定期和不定期地发布新闻。但此后由于种种原因，除外交部、国家统计局等少数部门设立发言人开展发布工作之外，新闻发布工作总体进展缓慢。

1993 年初，根据中央要求，国务院新闻办公室（中央外宣办）开始负责国务院新闻发布和协调各部门新闻发言人工作，并以国务院新闻办公室记者招待会或新闻发布会的形式组织新闻发布，邀请各部门主要负责同志和新闻发言人出面，介绍情况，答记者问。至 2013 年，20 年间，国务院新闻办公室的发布会成为我国政府新闻发布的重要阵地，其他部门也逐步开展了经常性的新闻发布活动。

21 世纪初，随着社会的进步和发展，中国逐渐走向国际舞台的中央，中国各项国内外政策和各种社会发展情况越来越为全球所关注，改进和完善新闻发布工作成为一项十分紧迫的重要任务。2003 年是我国新闻发布工作发展进程中具有里程碑意义的一年。党中央、国务院领导同志高度重视新闻发布工作，在有关文件和领导同志的讲话、批示中对建立和完善国务院新闻办公室、国务院各部门和省区市人民政府三个层次的新闻发布机制，建立新闻发言人制度，做好政府新闻发布工作和加强新闻发言人培训等提出明确要求，作出具体指导；"非典"事件也使各部门进一步认识到了信息透明、舆论引导的重要意义，我国政府新闻发布制度建设和新闻发布工作进入一个快速发展、全面推进的新阶段。

2008 年汶川地震、北京奥运会等重大事件加快了我国新闻发布制度走向成熟的步伐。2007 年 9 月，中央军委批准设立国防部新闻发言人。2008 年汶川抗震救灾期间，国防部组织召开军队和武警部队抗震救灾新闻发布会，国防部新闻发言人首次向社会公开亮相。2011 年 4 月开始，国防部建立了例行新闻发布制度，每月组织一次国防部例行记者会。2013 年 8 月，总政、总后、总装和海军、空军、二炮及武警部队 7 个单位设立新闻发言人。

2009 年党的十七届四中全会提出"建立党委新闻发言人制度"后，全国各级党委机构普遍建立起党委新闻发言人制度，开展党委新闻发布工作。这对于进一步推进党务公开、发展党内民主、提高党的执政能力，为党的建设和国家发展营造良好的舆论环境具有重要意义。

2013 年，全国省级以上党委和政府部门举办新闻发布会 2200 多场，新闻发布会质量也继续提升。国务院新闻办公室新闻发布会的影响力不断扩大，成为国内外新闻媒体获取我国权威信息的重要渠道。与此同时，新闻发言人培训工作不断加强。据不完全统计，截至 2013 年底，国务院新闻办公室与各地、各部门组织的培训班参加人数已逾万人，新闻发言人培训班的质量不断提升。

综上所述，我国新闻发布工作在制度化、规范化、专业化建设方面成果显著。但应清醒地看到，我国新闻发布工作还面临挑战。随着互联网技术的迅猛发展和信息传播方式的深刻变革，社会公众对党务和政务工作的知情意识、参与意识和监督意识不断增强，对各级党政机关依法公开相关信息、及时回应公众关切提出了更高要求。与公众期望相比，当前一些地方和部门仍然存在新闻发布不主动、不及时，面对公众关切不回应、不发声等问题，易使公众产生误解或质疑，给党和政府形象和公信力造成不良影响。我国新闻发布工作任重而道远。

2. 新闻发布制度与新闻发言人

本节要点提示：

● 新闻发言人是新闻发布制度的重要组成部分。

● 新闻发布工作由各种新闻发布活动构成，新闻发布会是新闻发布的主要形式之一。

我国党委、政府新闻发布工作主要包括以下层次：国务院新闻办公室新闻发布活动，国务院各部门（中央各部门）新闻发布活动，省级政府（省级党委）新闻发布活动，地（市）、县级政府（党委）新闻发布活动。既有定期的例行发布，也有为配合党和国家有关重要方针政策出台，回应突发公共事件、社会热点问题举行的不定期发布。

新闻发言人是新闻发布的主体。新闻发言人的主要职责除发布信息外，还包括策划、组织本单位重要信息发布，并处理相关新闻宣传和公共关系事宜。新闻发言人虽然在发布中常以个人身份出现，但其背后是一个团队，是一套完整的制度，所以亦可称为新闻发言人制度。

新闻发布会是目前我国新闻发布的主要形式之一。目前，我国新闻发布会按发布方式分为两种：一是"自主发布"，即由本部门负责同志或新闻发言人出面，定时、定点举行发布会，如外交部、商务部、国家卫生计生委、上海市政府新闻发言人定期召开发布会回答记者提问。二是"搭台发布"，由各级党委、政府的新闻发布机构不定期邀请有关部门负责同志或新闻发言人就某一个主题举行新闻发布会，国务院新闻办公室、国务院各部门（中央各部门）和各省市区党委、政府新闻发布机构举行的发布会大都属此类。

3. 新闻发布工作的原则和内容

本节要点提示：

● 我国新闻发布是党务、政务信息公开和新闻宣传工作的重要组成部分。

● 我国新闻发布工作的主要内容：

> ➢ 发布解读党和国家重大政策方针、重要活动和重要会议的有关内容；
>
> ➢ 回应国内外媒体和公众关切；
>
> ➢ 及时、准确、客观、全面发布突发公共事件信息。

我国新闻发布是党务、政务公开和新闻宣传工作的重要组成部分，是推进国家治理体系和治理能力现代化建设的重要方面。各地区、各部门应该将新闻发布工作作为本地区、本部门日常工作的重要组成部分。

1）我国新闻发布工作的任务

紧紧围绕党和政府的中心工作，全面、准确、主动、及时地向国内外公众介绍我国在改革开放、经济建设、社会发展等方面的重大方针政策及其执行情况和取得的成效，增进国内外公众对我国政府工作的了解和理解；针对境内外舆情动向，及时发布权威信息，解疑释惑，消除不实或歪曲报道的影响，维护我社会稳定和良好国际形象，为改革开放、经济建设和社会发展营造良好的国际国内舆论环境。

2）我国新闻发布工作的主要内容

a．介绍政府有关工作，解释和说明国家政策方针、法律法规，发布党务、政务信息。我国新闻发布工作首先以介绍党和政府有关工作为主要内容，包括解读党和政府制定的重大方针政策、法律法规及其执行情况。

b．回应国内外媒体公众关切。我国新闻发布工作应及时回应国内外关注的重大热点、难点、疑点问题，阐明党和政府相关部门的主张。同时，对于外界对党和政府所产生的误解、疑虑，以及歪曲和谣言，通过及时发布权威信息，解疑释惑，澄清事实。

c．及时、准确、客观、全面发布突发公共事件信息。当发生重大自然灾害、事故灾难、公共卫生和社会安全事件等突发公共事件时，应及时、准确、客观、全面地介绍事件基本情况、党政部门的应对举措和公众防范措施等。

d．发布其他需要通过媒体向公众介绍的政府信息。

二、新闻发布的主要形式

不同的发布形式会在很大程度上影响发布效果，只有灵活运用新闻发布的各种形式，才能获得良好的传播效果。新闻发言人不仅要细心甄别和考虑各种发布形式的适用范围和实际操作效果，还要

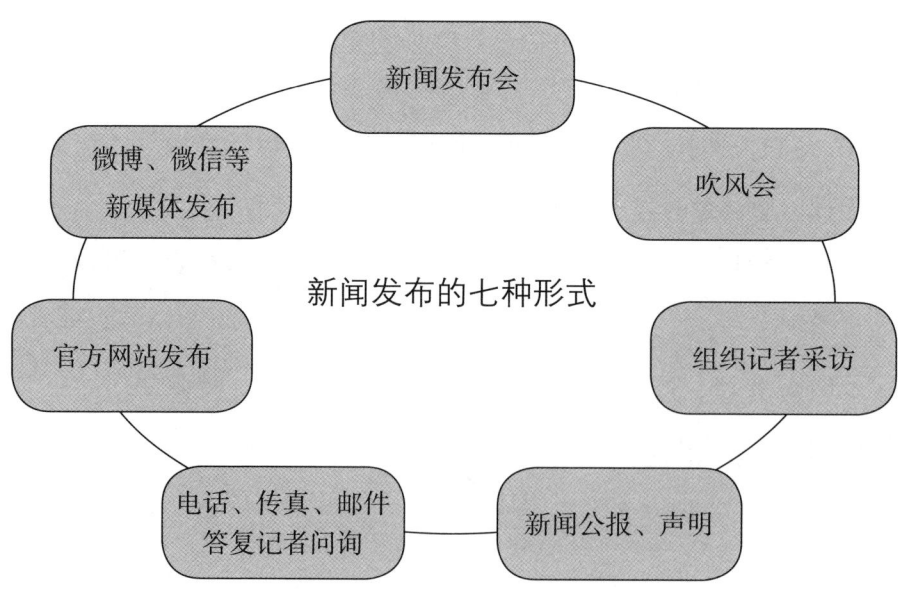

新闻发布的七种形式

在新闻发布前根据即将发布信息的特点和舆论焦点、记者需求等选择适合的发布形式。

新闻发布的主要形式有七种（如图）。不同的新闻发布形式在正式性、灵活性和操作性等方面各有不同，也因此带来了适用情况的区别。

1. 举行新闻发布会

本节要点提示：

● 新闻发布会是发布信息的一种重要形式，具有权威性高、公开面广、互动性强的特点。

1）定义

新闻发布会是指党委、政府新闻发布机构举行的向媒体介绍党和政府立场、观点、态度和有关方针、政策、措施等信息的新闻发布活动，是回应社会关注的一种重要形式。

2）特点

形式正式，权威性高，公开面广，互动性强，常用广播、电视和网络直播，便于与诸多新闻媒体直接双向交流。一般来说对所有具有采访资质的媒体开放。准备程序相对复杂，发布要求较高。发布会时间可长可短。

3）适用范围

只有当发布主题足够重要、内容足够丰富、对记者具备足够吸引力时，才适合举行新闻发布会。

2. 召开吹风会

1）定义

吹风会，是新闻发布非常独特的一种形式。与新闻发布会相比，吹风会的发布内容更多侧重政策解读和背景介绍。可以要求记者不作报道或不透露发布内容。国外经常使用吹风会。吹风会对中外媒体开放。

2）特点

灵活性较高。易于与媒体互动沟通。

3）适用范围

吹风会常被作为正式发布活动的前奏或补充，特别适用于一些重大政策、法律法规出台前后的政策深度解读。

4）形式划分

吹风会可以分为可以报道、不可以报道两种形式。发布人可以在报道中被提及，也可以是匿名的。

3. 组织记者集体采访或单独采访

本节要点提示：

● 这种发布方式是指通过主动约见（或应邀约见）、安排多家（或独家）媒体采访来发布信息。

● 集体采访记者可有多次提问机会，互动交流可以更加充分；专访是记者更愿意采取的独家采访形式。

● 遇到危机和重大敏感热点问题时，最好安排两家或两家以上的媒体同时采访。

1）定义

这种发布方式是指通过主动约见（或应邀约见）、安排多家（或独家）媒体采访来发布信息。

2）特点

灵活机动、时效性好，可体现主动性，可以有选择地接触媒体，交流互动更加充分。

3）适用范围

集体采访可就发布主题为媒体安排现场感较强的实地采访，同新闻发布会相比，气氛比较轻松，答问也可以详尽些，由于范围比新闻发布会小，记者有多次提问机会。专访一般来说是记者更愿意采取的独家采访形式，因为可以获得更多独家新闻。有时可以把两种形式结合起来，先安排集体采访，结束后再安排某家媒体做专访。

　　值得注意的是，遇到危机和重大敏感热点问题时，最好安排两家或两家以上的媒体同时采访，避免单个媒体报道的偏颇造成严重后果。

4. 以官方名义发布新闻公报、声明

本节要点提示：

● 这是一种正式和严肃的新闻发布形式。

1）定义

这种发布方式是指新闻发布机构由党和政府授权，郑重宣布某项新闻事实，或者就某些事件或问题向社会表明本部门、本单位的立场、态度、观点等。

2）特点

正式，严肃，采用书面和官方用语。

3）适用范围

公报、声明和谈话可以在报刊登载，也可以通过广播、电视播发。

5. 利用电话、传真和电子邮件答复记者问询

本节要点提示：

● 这是我国日常新闻发布经常使用的重要形式。

● 及时、简便、灵活，需要快速回应。

● 接受电话采访时一定要积极、谨慎。

1）定义

遇有热点新闻出现或媒体需要确证某些新闻信息时，新闻发布机构常常需要用电话、传真和电子邮件等方式来及时回复记者问询。

2）特点

及时、简便、灵活，需要快速回应。

3）适用范围

当一些重大突发公共事件和社会热点、焦点新闻发生，或记者需要求证某些重要信息时，利用电话、传真和电子邮件答复记者问询这种新闻发布方式用处很大。公开新闻发言人的名单和联系方式，开通媒体与相关部门联系的快速通道，本身也是党和政府透明、开放的一种重要体现，而且对那些需要异地采访的外地或是境外记者更是非常方便。政府热线电话应当加强建设和管理，确保热线电话

有人接、能及时答复公众询问。关于问询，可根据媒体的需要和可供发布的具体情况，提供书面采访稿。电话、传真、电子邮件的回复应注意时效，尽可能在媒体要求的时限内回复。

6. 通过官方网站发布新闻信息

本节要点提示：

● 这是我国新闻发布运用电子政务平台发布的重要形式。

● 可即时发布、滚动发布，具有交互性。

● 可用多元化媒体形式呈现信息，具有可视性、可读性、可感性。

1）定义

随着互联网的迅速发展，党委和政府新闻机构在官方网站上发布重要消息、文件、档案、报告和其他信息，上传新闻发布会的多媒体记录等，成为当下我国新闻发布运用电子政务平台进行发布的重要形式。

2）特点

即时发布、滚动发布，具有交互性，便于媒体和公众主动搜索获取。可以以数字化、图表、音频、视频等方式呈现信息，具有可视性、可读性、可感性。

3）适用范围

日常工作中，党政机构等官方网站要力图构建起一个权威、丰富、及时、准确、便于查找的信息平台，在网络领域传播主流声音。官方网站要建构一个平等、交流、互动的信息平台，了解民意，答复记者或公众问询。

在突发公共事件爆发时，充分利用网络传播在时效性、广泛性和互动性上的特点，第一时间表明态度，可以展现出主动沟通、积极应对的姿态，有效地稳定民心，最大限度地减少不实报道带来的负面影响。

7. 通过微博和微信（公众平台）等新兴媒体平台发布新闻信息

本节要点提示：

● 这是我国新闻发布运用新兴社交媒体发布信息的新形式。

● 针对性强、扩散面广、互动深入，影响力大。

● 使用此种方式发布信息时要充分尊重社交媒体的传播规律。

1）定义

这种发布方式是发布机构利用政务微博、微信（公众平台）等新兴社交媒体发布信息的新形式。

2）特点

针对性强、扩散面广，影响力大。

3）适用范围

日常新闻发布工作中，党政各部门应构建及时、准确、简洁的微博、微信（公众平台）发布平台，并链接相关新闻发布活动的现场情况。在突发公共事件爆发时，充分利用微博、微信（公众平台）传播广泛、互动性强、舆论生成迅速等特点，第一时间给出积极正面的态度、措施，展现出党和政府主动沟通、有效应对的姿态，有利于稳定民心，激发群众积极性，共度危机。使用此种方式发布信息时要充分尊重社交媒体的传播规律。开通政务微博、微信要制定完善的管理办法，规范信息发布程序及公众提问处理答复程序，确保政务微博、微信安全可靠。

三、新闻发布的策划

新闻发布的策划是指新闻发布活动要考虑和安排好发布主题、发布形式、发布人选、发布对象，并选择好发布时机、发布地点，有准备地进行新闻发布活动。这些环节都有重要的原则和技巧。

1. 确定发布主题

本节要点提示：

● 新闻发布的主题要切合三个"要点"，即"政府要说的、媒体关注的、公众关心的"。

● 根据舆情的热点来选择发布主题，要具有新闻性。

● 精心策划发布内容以增强传播效果。

确定发布主题，即解决新闻发布活动"说什么"的问题。除了在突发公共事件中，事件本身就构成了新闻主题之外，其他各种新闻发布活动都需要确定一个到多个新闻主题。新闻主题要切合三个"要点"，即"政府要说的、媒体关注的、公众关心的"。如果发布的主题不符合这三点，新闻发布的吸引力就会减弱，传播面就会变窄，效果就不会好。

新闻发布的主题要有新闻性。可以从下列 5 个标准来衡量：

1）重要性

所要发布的新闻事件是否对当前的社会生活、公众利益产生重大影响？影响越大，所要发布主题的新闻性越强。

2）时效性

所要发布的新闻事件是否是最近发生的？事件发生离新闻发布的时间越短，所要发布主题的新闻性越强。

3）接近性

所要发布的新闻与公众是否有地缘或者心理的密切关系？地缘接近性是指新闻事件是否是发生在公众身边的事情，心理接近性是指新闻事件是否在经济、文化等诸方面与公众有密切关系。例如上海发生的新闻对上海市民体现出地缘接近性，而对在北京生活的上海人会体现出心理接近性。

4）显著性

著名人物、单位、团体的动态往往引人注目，具有一定的新闻性。

5）人情味

富有人情味，能引起人们情感共鸣的事件通常也具有新闻价值。

任何一个事件，只要兼具时效性和以上其他任何一个特性，就有成为新闻的可能。当然所符合的要素越多，事件的新闻价值越高。可以通过考察主题的新闻价值大小，也就是主题是否具有新闻性，来判断是否发布此主题。

发布内容还要主次分明、逻辑顺畅、重点突出，这样其新闻性更强，传播效果更好。

2. 确定发布形式

本节要点提示：

● 重大活动：系列构成，点面结合。

● 突发公共事件：联动组合，滚动发布。

● 敏感社会议题：集中力量，多元发布。

单一的新闻发布会或其他形式的新闻发布活动一般适用于常规新闻发布，简单、灵活，易操作，而对于党和政府的重大活动、突发公共事件则略显单薄；与此同时，面对日益复杂的社会舆论环境，对舆论焦点、敏感议题的回应仅靠党和政府某一个部门、一次发布活动是远远不够的。因此，不同发布形式的选择和组合方式对于凸显发布议题、引导社会舆论非常重要。

1）重大活动：系列构成，点面结合

面对国家或地方重大的活动，组织者可采用"系列构成，点面结合"的组合发布形式。具体而言，要集中策划几个各具特点的发布活动，用"集束"方式强化活动主题，同时，用"分类"方式展开活动的不同侧面。"点面结合"是有效的组织形式，以"新闻发布会"为面，凸显气魄；以其他发布形式为"点"，聚焦发布方想要凸显的议题。通过系列部署，有"点"有"面"地进行组合发布，对于烘托发布主题的重大性、有效引导媒体与公众舆论，具有不可忽视的效果。

2）突发公共事件：联动组合，滚动发布

本书第六章将详细阐述突发公共事件的新闻发布。在此强调的主要是前期发布形式选择。突发公共事件所引发的社会关注与讨论往往是空前的，因此，即便事发突然，情况紧急，仍然需要精心选择发布形式。各部门联动组合，运用各种发布形式全力出击，是突发公共事件新闻发布形式运用的要点。

a. 各相关部门调动一切积极性，联动组合，采用现场发布、集

体采访、独家专访、电话或电子邮件回复记者问询以及互联网发布等各种形式，全力出击，保证及时、准确、全面、客观地发布事件信息。但需要注意的是，发布的统筹安排非常重要，应做好协调工作，避免多头发布。

b. 滚动发布是突发公共事件中重要的发布形式，要充分运用这一形式，彰显发布的时效性，展示发布机构对事态进展的充分关注，让媒体在第一时间了解事情的最新进展，最大限度保证社会公众对事件的知情权。

3）敏感社会议题：集中力量，多元发布

针对社会中比较敏感的议题，新闻发布机构可以以"集中力量办大事"为原则，选择多元发布形式。可囊括几个议题于一个更大的议题之中，在较短的一个阶段进行多元化系列发布，发布人选可来自不同的部门，发布形式包括举行新闻发布会、组织记者采访活动、利用社交媒体平台进行发布等，不拘一格。这样做，一是强调了敏感议题的重要性，彰显出党和政府对问题的重视；二是敏感问题都能够在发布中有所涉及，体现信息公开的决心，提升形象；三是强化"集合效应"，统筹合力，每个部门出面解决自己这一方面的问题，最终解决大问题，实现 1 加 1 大于 2 的效果；四是在某种程度上避免某一特别敏感的部门成为媒体和公众的靶心，分散发布压力，化解传播危机。通过合理统筹运用新闻发言人、官方网站、政务微博微信等发布信息，充分发挥广播电视、报刊、新闻网站、商业网

站等媒体的作用，扩大发布信息的受众面，增强影响力。

3. 确定发布人

本节要点提示：

● 新闻发布人通常是本部门的新闻发言人、相关领导，也可以是相关领域的专家。

● 应将各级党政领导干部纳入新闻发布人中。

● 在新闻发布会中，精心选择参加发布人选，原则上不设列席席位和"陪座"。

发布人通常情况下是本部门的新闻发言人或是相关领导。对于某些专业性较强的主题，由部门的分管领导发布显然更具权威性。也可以考虑引入相关领域权威专家，对发布内容进行补充，与发布人共同答问。

当然在考虑新闻发布者权威性的同时，也要考虑到其政治素质、新闻素养、语言与知识素养、气质外形等条件，这些素质要求具体可以参看本书第九章"新闻发言人必备素质"。

在正式的新闻发布活动中，考虑某些发布主题涉及的面比较广，要求多人参与，各自负责属于自己部门的问题，但是，要对发布人选进行精心选择。要避免把一些没有发布任务的领导安排陪座，不要形成传统会议中的主席台列席的模式。

在重大事项、关键时刻，领导干部要带头接受媒体采访，表明立场态度，发出权威声音，做好"第一新闻发言人"。

4. 确定发布对象

本节要点提示：

● 根据发布内容确定传播目的和范围。

● 根据新闻发布目的，可以选择覆盖不同地区和人群的媒体。

1）按主题选定核心受众群

新闻发布的对象是媒体和公众，但是每个主题必然有其特定的核心受众群。新闻发布要考虑受众的情况，根据内容确定传播目的和范围。例如有关城市"低保"问题的新闻发布会，最关心此话题的受众基本上都是低收入人群，根据这一特点确定传播目的是提高发布信息在城市低收入人群中的知晓度，获得他们的理解和支持。

2）根据目的选择不同媒体

根据新闻发布的目的，可以选择覆盖不同地区和人群的媒体。例如房地产政策的新闻发布会就不仅需要邀请综合性媒体，还要邀请房地产和经济类的专业媒体出席。

3）向中外媒体记者开放

新闻发布除有特殊考量之外，应向所有具有采访资格的中外媒体记者开放。

5. 选择发布时机

本节要点提示：

● 时机选择遵循权威性和时效性原则。

● 某些情况下需要考虑媒体的发稿时限。

● 避免其他重大新闻"冲"掉所发布的新闻。

选择新闻发布的时机，有几条原则可以遵守：

1）党的重大决策、政府中心工作往往会成为公众和媒体高度关注的话题，因此要围绕中心工作设置新闻发布的议程，特别是要紧紧抓住重大政策、法律法规出台的时机，尽可能进行新闻发布，介绍和解读权威信息，这样有利于权威信息的快速、准确传播，从而为公众所了解、接受和支持。

2）突发公共事件或者是重大突发新闻，要善于在第一时间抢占舆论制高点，越快越主动，千万不能拖沓观望。等到小道消息或者非官方消息"满天飞"时，再作补救式的新闻发布，会让本部门处于极端被动的地位，造成信任危机。

3）在具体考虑新闻发布活动的召开时间时，还要适当照顾各类媒体的发稿时限。例如报纸的截稿时间，电视主打新闻节目的截稿时间，是否要配合电视直播做连线互动，等等。如果预留的时间太短，记者可能只能提供简讯式稿件，很难写出高质量的稿件。

4）要尽量避开可以预见到的"大"新闻，寻找最合适的发布时机，以避免其他重大新闻"冲"掉所要发布的新闻信息。

6. 确定发布平台

本节要点提示：

● 我国已经建立起了三个层次的新闻发布体系，并不断延伸，与此相对应，也形成了多层级的新闻发布平台。

● 选择在何种层级的新闻发布平台上发布信息，可根据拟发布信息内容的重要等级，以及分层响应机制和原则进行综合考虑。

目前，我国已经建立起了三个层次的新闻发布体系，形成了国务院新闻办公室新闻发布会、中央和国家机关有关部门新闻发布会以及各省（区市）新闻发布会三个层级的新闻发布平台。同时，三个层次的新闻发布制度还不断延伸，很多地市、县以及相关部门，中央企业和学校、医院等事业单位也建立了新闻发布制度，并形成了相对应的新闻发布平台。

选择在何种层级的新闻发布平台上发布信息，可从如下角度进行综合考虑：

1）根据信息内容重要程度选择发布平台。判断信息内容的重要程度，可以借鉴新闻价值的标准，从时效性、重要性、显著性、接近性等角度进行衡量。通常而言，时效性越强，重要性越大，显著性越明显，与公众利益和诉求越接近，信息内容的重要性越高，信息发布平台也可以相应提高。此外，尤其需要重点考虑信息内容与哪些范围内公众的利益相关，相关联的程度有多大，亦可以根据公众利益的关联范围、影响程度和方式来选择相对应的发布平台。

2）根据分层响应机制确定发布平台。目前，我国已经自上而下地建立起了较为完善的应急管理预案体系，确立了统一领导、分级负责，条块结合、属地管理为主的应急管理体制，根据突发事件或突发公共事件的严重性、可控性、所需动用的资源、影响范围等因素，启动相应的预案，并进行相对应的新闻发布。这种做法也被称为处置和应对突发事件或突发公共事件的分层响应机制和原则。考虑到响应主体的客观情况，从事件处置和舆论引导的效果出发，可以根据分层响应机制和原则，选择相对应的信息发布平台。

7. 选择发布地点

本节要点提示：

● 新闻发布活动的地点根据新闻发布的形式来确定。

● 新闻发布会通常在专用的新闻发布厅举行，也可用会议室

1）健全记者问询的信息流转、审核机制

无论何种形式的新闻发布，都必须遵从新闻发布工作的机制和原则，不能因为电话、传真、电子邮件等答复记者问询方式的不同，而简化甚至忽略对发布信息的审核和把关。需要特别强调的是，在接受记者电话采访和问询时，一定要谨慎，一般不建议在电话中当场进行回复，应做好记录，经核实、研究、审核后，再进行回复。

2）确保信息回复准确、无误

从近年来新闻记者的采访实践来看，电话、传真、电子邮件等采访方式得到越来越广泛的使用。一方面，有助于记者拓展采访地域，突破空间的限制，特别适合那些需要异地采访的外地或者境外记者；另一方面，有助于记者提高采访的效率。特别是当一些重大突发公共事件、社会热点舆情、焦点发生时，记者迫切需要立即求证某些重要信息，利用电话、传真、电子邮件等方式将方便记者快速获取必要信息。当然，换个角度，从新闻发布方的立场来看，这些方式也有助于发布者快速发布信息，解疑释惑，澄清事实。

3）建立定期查看或专人值守制度

公开新闻发言人的名单和联系方式，部门应该建立定期查看或专人值守制度，做到对外公布电话的正常接听、传真和电子邮件的定期查阅。加强建设和管理，能及时答复记者和公众问询。

相关部门在接到记者的电话、传真、电子邮件等采访问询后，应在允许和授权的职责范围内给予回应，如果约定了时限，应尽可能在规定的时间内予以答复。同时，还应该照顾不同媒体的截稿时限，以方便记者正常发稿。

3. 官方网站发布信息的组织

本节要点提示：

● 充分发挥官方网站在信息公开和新闻发布中的平台作用。

● 丰富官方网站的信息展现方式，提高信息传播的可视、可读、可感程度，提高吸引力和亲和力。

● 发挥官方网站在公开征求意见、政策法规解读，以及回应重要舆情、社会热点问题和公众关切中的重要作用。

● 要通过领导信箱、公众问答、网上调查等方式拓展官方网站的互动功能，提高在线服务的便利性。

1）加强官方网站的建设和管理

通过更符合传播规律的信息发布方式，将官方网站打造成更及时、准确、公开透明的新闻发布平台，在网络领域传播主流声音。

2）提高官方网站的吸引力、亲和力

加强官方网站新闻发布工作，将各类信息依照公众关注情况梳理、整合成相关专题，以数字化、图表、音频、视频等方式予以展现，使信息传播更加可视、可读、可感。

3）主动发布，回应社会关切

注重涉及群众切身利益的重要决策，要在官方网站公开征求意见；重要政策法规出台后，要针对公众关切，及时通过官方网站发布政策法规解读信息，加强解疑释惑；对涉及党务、政务活动的重要舆情和公众关注的社会热点问题，要积极予以回应，及时通过官方网站发布权威信息，讲清事实真相、有关政策措施以及处理结果等，党委和政府负责同志应主动到官方网站接受在线访谈。

4）拓展官方网站互动功能

围绕党委和政府重点工作和公众关注热点，通过领导信箱、公众问答、网上调查等方式，接受公众建言献策和情况反映，征集公众意见建议。完善官方网站服务功能，及时调整和更新网上服务事项，确保公众能够及时获得便利的在线服务。

5）加强官方网站数据库建设

逐步整合交通、社保、医疗、教育等公共信息资源，以及投资、生产、消费等经济领域数据，方便公众在线查询。

4. 微博微信等新媒体发布的组织

本节要点提示：

● 要选择合适的微博微信平台，形成合力。

● 要建立完善微博、微信发布的运行机制，规范政务微博微信的开通、内容管理、信息发布流程及公众提问处理答复程序等，确保政务微博、微信安全可靠。

● 发挥微博、微信这种沟通工具的简捷明快等特性，提高新闻发布的效果。

微博、微信等新媒体在新闻发布中的使用频率越来越高，影响力不断扩大。把微博、微信（公众平台）发布打造成顺应传播格局变化的新型发布平台，对于及时发布各类权威党务和政务信息，尤其是涉及公众重大关切的公共事件和政策法规方面的信息，着力建设基于新媒体的政务信息发布和与公众互动交流新渠道非常重要。

1）选择合适的微博微信平台

选择政务微博平台时，一定要根据信息传播对象的不同，选择相应的平台。为了形成合力，尽可能地拓展传播范围和受众，政务微博应尽可能覆盖两个或多个主要平台。此外，同一地区的不同部门，或者同一部门的不同分支部门在注册政务微博时，也要尽可能使用相同的微博平台。较之微博平台，微信平台（公众平台）因运营服务商的唯一性，不存在选择性的问题。

2）建立微博微信发布的运行机制

在开展政务微博微信等新媒体发布之前，必须建立明确的规章制度和运行机制。要对微博微信发布的内容定位、信息数量、互动方式，以及运行维护人员、经费、纪律等进行明确界定，确保其健康、可持续、安全可靠。

3）尊重微博微信的媒体和技术特性

鉴于媒介技术的差异，与传统新闻发布方式相比，微博、微信（公众平台）发布具有非常独特的运作规律。除了新闻发布必须遵守的权威性、准确性之外，微博、微信（公众平台）发布还具有诸多独特性。一是亲民性。可以通过正面发布服务信息、反向回答网友提问等方式，将信息服务做实、做细，使信息服务更贴近公众生活。二是时效性。借助微博、微信（公众平台）发布能够将相关信息瞬间传递给受众，真正做到点对点、第一时间，有效缩短信息传播的时间，提高传播效果。三是互动性。能够便捷地与公众进行平等互动，及时响应网友关切，改进新闻发布和其他工作中的不足和薄弱环节，增进透明度，增强公信力。正因为如此，微博、微信（公众平台）发布特别适用于应对突发事件、热点舆情。通过快速发布权威信息，迅速澄清事实，遏制谣言传播。

在日常运行中，要特别重视微博、微信（公众平台）发布的信息服务和互动功能。在做好主动发布信息、主动服务的基础上，要针对网友们可能的咨询、建议、投诉等互动诉求，与线下信访、热线电话等平台和渠道相结合，不断摸索和做好互动服务功能。

需要注意的是，微博和微信是两个不同的平台，其信息推送、内容构成、图文编辑、传播规律、评论反馈等各个环节都有较大差异，开展相关工作时要区别对待。

七、突发公共事件的新闻发布

在当下和今后很长一个时期内，我国既处于发展机遇期，也处于矛盾凸显期，各种社会矛盾不断显现，各种类型的突发公共事件进入多发、高发、频发期。这也成为媒体报道和网络舆论关注的重点。在突发公共事件应急响应与处置的全过程，要把握好信息发布的时、效、度。及时、准确、客观、全面地发布突发公共事件的相关信息，尊重公众知情权、参与权、表达权和监督权，既是新闻发布工作的重点，也是提升突发事件应对效果的关键因素。

1. 突发公共事件新闻发布与一般新闻发布的区别

本节要点提示：

● 因涉及公共利益和公共安全，突发公共事件极易引起大众媒体、网络舆论和社会民意的高度关注，舆论引导的难度和压力极大。

● 要通过及时、准确、客观、全面的新闻发布，展示政府在尖锐矛盾、复杂情况下的积极作为，引导舆论走向，化解社会危机。

2007 年 11 月施行的《中华人民共和国突发事件应对法》指出，突发事件是指突然发生，造成或者可能造成严重社会危害，需要采取应急处置措施予以应对的自然灾害、事故灾难、公共卫生事件和社会安全事件。

相较突发事件，突发公共事件更多涉及公共利益和公共安全，极易引起大众媒体、网络舆论和社会民意的高度关注。党的十八届三中全会审议通过的《中共中央关于全面深化改革若干重大问题的决定》，首次在中央文件中提出"推进国家治理体系和治理能力现代化"。在此背景下，突发公共事件的危机处置，在强调党政机构等公共部门的快速反应、责任性、透明性等基本原则的同时，还必须强调参与主体的多元化，最大可能地动员包括党政部门、社会公众、各种社会组织在内的多元主体以及各种社会力量，调动、整合各种社会资源共同应对危机。也正因为如此，从推进国家治理体系和治理能力现代化的角度出发，做好突发公共事件的新闻发布具有重要意义。

突发公共事件发生后，媒体和舆论在关注事件自身发展的同时，也会将注意力扩散到党政部门的应急处置和整个社会的反应上。如果党政部门处置不当、信息披露不够及时和充分，就有可能引起信息传播上的"大道不传小道传""正道不传歪道传"，导致社会流言四起，使突发公共事件演变成公众对党和政府的信任危机，甚至会演变成一场严重的社会危机。这时，再进行后续危机控制，修复公众对党政部门的信任，不仅将耗费大量的社会资源，难度也极大。所以在应对突发公共事件时，必须要有一整套完善且行之有效的新闻发布工作应对机制。

较之常规的新闻发布，突发公共事件的新闻发布方式有许多非常态的特征。首先，突发公共事件的发生具有突然性，往往很难预测。其次，突发公共事件因危及公众利益和公共安全，党政部门容易成为公众和舆论质疑的对象，这将全面考验党政部门的应对。其三，公共舆论管理的难度极大。突发公共事件发生后，公众和媒体会通过各种渠道来搜寻相关信息，流言和谣言也会通过各种渠道以各种形态传播，这给舆论引导带来极大的挑战。

针对突发公共事件新闻发布的这些特征，新闻发布机构和工作人员必须要重视运用独特的方式和方法。

1）现场发布新闻信息的方式更令人信服

突发公共事件发生后，记者往往会第一时间赶往现场，并在现场进行采访。此时，在现场举行发布会，不仅容易召集记者，记者也会乐于参加。更关键的是，现场举行新闻发布会有现场感，令人信服。从新闻发布时效的角度看，现场发布组织迅速，非常契合"第一时间发布"的原则。当然，现场发布也要注意一些细节。

2）克服"负面新闻发布难"的思维，积极展现正面形象

面对带有负面因素的突发公共事件，部门机构和当事人可能会选择"鸵鸟方式"，沿用"捂盖子"或是"处理妥当再通报"的传统思维，不愿意主动回应，这给突发公共事件的应对带来很大的被动。事实上，公众期待的是真实的情况和对问题积极有效的解决，而不是隐瞒和拖延。正确的做法是，首先借由媒体向公众通报真实情况，同时把党和政府积极合理的解决情况告知公众，塑造一个负责任的形象。

3）主动提供采访机会，引导舆论走向

在突发公共事件发生以后，媒体总是通过各种渠道寻找消息。如果没有正常的采访渠道，或者信息来源有限，某些媒体就会将从非常规渠道得来的不准确消息披露给公众，有可能造成公众对政府的信任危机。所以在突发公共事件处理期间，与滚动的新闻发布活动相配合，新闻发布方还应主动提供一些深入采访的机会。通过这两种方法，可以有效吸引媒体注意力，引导舆论走向。提供采访机会有几个注意方面：

a. 之前要考虑场地的要求，如果场地不够，可以邀请少数几个代表性的媒体，条件是让其他媒体可以共享采访内容；

b. 不要制造假现场或是假的采访对象。在基本事实的基础上统一说法，但不要授意采访对象讲自己不想说的话；

c. 有专人负责媒体联络，满足记者的采访要求。

2. 突发公共事件不同阶段的新闻发布要求

本节要点提示：

● 危机前：与媒体保持可信赖的良好关系；增加媒体知识、提升传播素养；设计制定突发公共事件媒体沟通预案。

● 危机中：第一时间发布、以人为本、真实客观、统一出口，滚动发布，保持适度紧张。

● 危机后：有一定跟踪式的后续信息发布，如相关涉事人员处理、安置情况、整改措施等。

1）日常阶段发布准备的要求

突发公共事件的处理和新闻发布工作很大程度上来源于平时应对突发危机的准备，有了平时的准备，在真正面对危机的时候才能有条不紊地开展工作。

a. 在日常工作中与媒体保持可信赖的良好关系

在日常工作中与相关媒体增强联络，与负责该条线的记者增进了解，就相关信息有效沟通。在突发公共事件发生后，媒体的主动合作和理性报道非常重要。

b. 增加媒体知识、提升传播素养

新闻发布团队应该积累丰富的媒体知识、拥有良好的媒介素养，熟悉传媒运作方式、媒体报道框架、记者关注要点等，以使新闻发布工作有的放矢。例如：按照新闻学经典的 5 个 W 和 1 个 H 的方式，即何人（who）、何时（when）、何地（where）、何事（what）、何因（why）和如何（how），去搜集危机事件信息并准确地提供这些信息；根据各家媒体的截稿时间确定适合的新闻发布时间；按照媒体传统报道框架，回应其关切要点的同时合理设计议题，传播核心信息。

c. 制定突发公共事件媒体沟通预案

应该制定突发公共事件媒体沟通的应急预案，建立重大政务舆情会商联席会议制度，建立政务信息发布和舆情处置联动机制，妥善制定重大政务信息公开发布和传播方案，阐明危机事件出现后各个部门的责任，以及相关的资源和应对媒体、公众的原则和技巧。预案应该由各部门结合实际情况反复研究和讨论，预计到各种可能性，并清晰地阐明应变的措施和方法。需要说明的是，在常态工作状态之下制定的预案，在突发事件发生之后可能失效，主管部门往往会因为事件具有的特殊性和以前预想不到的问题而措手不及。所以，在平时的工作中应该从多个渠道搜集危机事件案例并分析其中危机公关的处理经验，丰富知识储备和应对技巧，对案例的研究和经验总结也能够进一步充实和更新新闻发布工作应急处理预案，用丰富的间接经验来减少实际工作中可能的失误和不足。

2）突发公共事件发生期间的发布要求

a. 第一时间

在突发公共事件发生的第一时间向社会公众和媒体公布有关事

件的基本事实，先入为主，引导舆论。尊重公众知情权，并消除社会公众对真实情况不必要的猜测，以免引起媒体炒作和社会的过度恐慌，以及由此带来的对政府部门的不信任情绪。

b. 以人为本

在突发公共事件的新闻发布工作中，总是将公众的利益放在第一位，坚持"以人为本"，对事件中受影响的人群要有充分的人文关怀，向公众信息公开的前提始终是保障公众的利益。

c. 真实客观

真实是新闻的生命。无论何种借口下的谎言，都会激怒媒体和公众，导致党和政府官员的诚信受到质疑，造成对党和政府形象的严重损害，同时非常不利于突发公共事件的解决。

d. 滚动发布

随着事件的发展和调查的深入，事实的"碎片"不断地让整个事件清晰起来，在这个过程中要有不间断的信息发布，报告事件的最新发展状态和调查得到的最新事实。换言之，在事件初期尚未全部掌握事实信息的情况下，可以将现已掌握的情况发布出去，并说明相关部门正在做出的努力。后续事实的"碎片"再不断补充，这样既修补了之前的信息错漏，也让媒体和公众看到党和政府部门负责任的态度和行动。

e. 统一出口

整个事件处理过程应该由统一的出口发布消息，保证消息的权威性和有效性。通常突发公共事件涉及多个部门联合处理，如果各个部门说法不一甚至同一部门各个层次说法不一，则会造成消息混乱、自相矛盾，导致沟通危机。

f. 适度紧张

即保持公众对事件的关注并将公众的紧张保持在一个可接受的范围之内。过度恐慌会造成社会骚乱和不稳定，但危机事件面前让公众完全放弃警惕心理也可能导致新一轮的危机。因此，在突发公共事件的新闻发布工作中，要避免造成公众的过度紧张，但是也不能让公众放松抵御危机的警惕，而是保持一种适度的紧张，这样有助于危机在公众的配合下顺利解决。例如在传染疫病的防治过程中，公众在适度紧张的状态下能够既主动配合防治而又不会打乱基本的社会秩序。

3）突发公共事件的后续发布要求

突发公共事件结束后，还应该有跟踪式的后续信息发布，包括：突发公共事件遗留要素的进展状况；发生期间对公众的承诺的实施现状；相关涉事人员处理、安置情况；对类似突发公共事件的应急措施整改情况等。在成体系的长期发布中，展现党政部门负责任的正面形象，有利于之后和民众沟通的顺畅。

对这些发布要求的理解通常有几个传统思维误区：

首先，传统思维认为，在突发公共事件发生后，政府应该先查明并妥善圆满处理之后，再向媒体和公众发布，以免造成公众的恐慌。但是，长期的实践证明，如果主管部门"讳莫如深"，信息不能及时公开，公众和媒体将从其他渠道挖掘被扭曲的信息，造成对相关部门的不信任，让其很难开展进一步的工作。所以转变传统思维，抛开"捂盖子"思想，是各级官员首先要意识到的。

其次，传统思维认为，情况还没有完全调查清楚，没办法向媒体交代，所以要先"压一压"。但是这一"压"，就将压力转嫁到自己头上，媒体首先发难或者穷追猛打会让党政部门的处理工作陷入被动的局面。解决办法是运用滚动发布原则，将已知的信息公开并通过新闻发布的形式不断地更新有关事实信息，最终得到公众的理解和支持，促成事件的圆满解决。

再次，某些传统思维中的"大局观"认为稳定压倒一切，"政绩思想"认为不能给自己抹"黑"。殊不知"欺、瞒、骗、压"的思想会让公众对党政部门的信任降到最低点。与其"欺、瞒、骗、压"，不如以开放积极的姿态主动解决和处理问题，树立一个有能力负责任、受公众欢迎的形象。

最后，在地球日益变成"地球村"的"媒介化社会"，特别是社会媒体高度发达之后，迫切需要从被动的舆论控制走向主动的舆论引导，这就要求党和政府在应对突发公共事件时有主动意识、抢先意识、服务意识。

3. 突发公共事件状态下的新闻发布准备

本节要点提示：

● *确定媒体沟通目标、发布内容以及发布形式。*

● 立即确定新闻发言人，让发言人参与到事件处理的决策之中。

● 组织新闻发布团队，实时了解事件进展和舆情现状。

突发公共事件发生后，具体的新闻发布准备工作包括：

1）确定媒体沟通目标、发布口径和发布形式

首先，应当快速地决定媒体沟通的目标以及新闻发布的内容和形式。媒体沟通目标是指新闻发布方代表事件处理的主体想要告诉媒体和公众什么样的信息，希望媒体和公众作出何种反应。例如当某处发生了严重的传染性疫病时，首先确定的媒体沟通目标是，呼吁公众保持适度的警惕，以免疫病的大面积传播，并确保公众知道相关部门已经投入了大量的人力和物力以防治和控制疫病的传播。当然媒体沟通目标在突发公共事件的不同阶段要有相应的调整。例如在上面例子中，当传染性疫病得到初步控制后，应当将媒体沟通目标转为消除公众的过度恐慌心理，引导公众积极有效地预防；在整个局面完全控制之后，媒体沟通目标可调整为修补突发事件带来的负面影响。媒体沟通目标的调整应该因时而变，如果一成不变或者次序颠倒，则会造成极大的负面效果。

在确定媒体沟通目标之后，就要考虑对外发布的形式和内容。通常情况下，突发公共事件的新闻发布都会选择新闻发布会的形式，有些情况下会选择集体采访的形式。同时，要充分发挥新媒体在时效性、传播范围等方面的优势，来配合并开展相关发布工作。这些

发布形式的特点在本书第二章有充分介绍，可根据具体情况灵活运用。发布内容的确定是一件非常具有基础性和技巧性的工作，首先要对突发事件目前掌握的情况有充分的认识，并对媒体沟通目标有清醒的认识。要结合媒体沟通目标，确定相关发布内容。其中有几点必须要认识到的是：

　　a．一定要实事求是，任何时候不能说假话；

　　b．必须清晰简明；

　　c．一定要包含事实信息；

　　d．信息传播的预期效果与媒体沟通目标是一致的；

　　e．说话要留有余地，不要说得太满，以免带来工作上的被动。

2）立即指定新闻发言人，并让其参与到事件处理的决策当中

　　在事件发生后，立即指定针对该突发公共事件应对的新闻发言人。发言人最好符合以下几个方面的条件：

　　a．根据突发事件的严重程度，确定相应职别的新闻发言人；

　　b．有权威性和专业性，有媒体沟通经验，熟悉媒体运作，如果有媒体从业经验更佳；

　　c．在突发事件处理中，能参与决策或者列席决策会议；

　　d．形象稳重，有较好的表达能力。

　　根据突发事件的严重程度，确定相应职别的新闻发言人。一定职别的新闻发言人，有利于媒体和公众认知党政机构对突发事件重视的程度。具有媒体沟通经验可以使新闻发言人依照媒体运作的规

律来处理问题，更易于与新闻界打交道。发言人此时代表党和政府形象，较好的表达和形象能建立起公众对党和政府的信任感，另外新闻发言人还要亲自参与到散发材料的写作当中，要求发言人要具有较好的书面表达能力。最为重要的是，新闻发言人一定要能够参与突发事件处置工作组，参加各种级别的决策会议，有权查看各种汇报材料和数据。这样，新闻发言人才能更好地掌握情况，并对决策提出舆论引导和公共关系方面的参考意见。

确定新闻发言人之后，要对媒体宣布此新闻发言人是授权的信息发布人。这样会避免记者在采访中出现内容上的混乱、事实不一致、态度不统一等问题。否则，会造成媒体和公众无所适从，质疑政府发布信息的真实性，降低政府的公信力，不利于突发公共事件的处理。

3）组织新闻发布团队，实时掌握事件进展、舆情现状

因为需要第一时间召开新闻发布会，所以以上这些工作都要在很短时间内完成，这是一系列非常具有挑战性的工作，也是一个团队合作的过程。由于突发公共事件往往涉及面十分广，需要对众多信息进行总结、梳理，并强调其中的核心信息。同时，对舆情现状的把握也十分必要，了解公众的主要信息需求方向，甚至误读信息等，才有可能作针对性的传播。这需要一个成熟的专业化团队支撑，仅凭新闻发言人一己之力，难免会有错漏和误判，而这很有可能造成公众不必要的误解。因此，应当注意提升新闻发布团队成员的政策把握能力、舆情研判能力、解疑释惑能力和回应引导能力。

4. 突发公共事件新闻发布现场的管理与控制

本节要点提示：

● 成立突发公共事件新闻中心，为记者采访提供服务。

● 确保媒体记者与新闻发布工作人员的人身安全。

● 确保新闻发布不会阻碍和影响事件的救援或处理工作的正常进行。

1）成立突发公共事件新闻中心，为记者采访提供服务

突发公共事件发生时，一般在现场会有大批记者聚集采访。政府部门应当成立一个临时的新闻中心，方便记者采访和发稿。一般情况下，一些临时消息的发布就在新闻中心进行，还有一些采访通知和发布会通知也会首先在新闻中心发放，所以新闻中心就自然地成为记者集中的地区。新闻中心的管理者就可以提前通过接触记者搜集有关的信息，反馈给新闻发言人，通过新闻滚动发布的形式，通过服务实现对记者采访的"软"性管理。新闻中心应该能够提供或租借给记者一些必要的设备，例如电话、传真、互联网、发电设备甚至小型卫星传输设备等。

2）确保媒体记者与新闻发布工作人员的人身安全

由于重大突发公共事件的不可预测性，必须确保媒体记者与新

闻发布工作人员的人身安全。这不仅是指避免二次灾害发生，也是指预防现场可能出现的如人群挤乱、踩踏，甚至其他恶性事件的发生。如发生紧急情况，要及时组织好现场人员的安全疏散，有序地通过安全疏散通道和安全门撤离现场。对发生突发公共事件时的受伤人员，必须加以特殊保护并撤离现场。凡暂不能撤离的伤员，必须采取应急防护措施等待救助。

3）确保新闻发布不会阻碍和影响现场的救援或处理工作的正常进行

突发公共事件的处理和解决是该类事件的核心，所以，任何行为均不能影响和阻碍现场的救援及处理工作。发布地点应选择距离事发地点较近，易于掌控，符合举行新闻发布会基本条件的合适场地，兼顾方便新闻发布和方便记者采访报道。尤其要注意的是，如果采取现场发布的方式，一定要在现场信息公开和处理救援之间保持平衡，避免媒体为追逐报道亮点而影响救援现场及相关负责人，或妨碍伤员的救治，贻误救援时间等。

5. 记者敏感问题的回应

本节要点提示：

● 预测报道框架及记者的敏感提问。

● 保持冷静、从容不迫、态度合宜。

● 客观陈述事实、善于积极引导。

1）预测报道框架及记者的敏感提问

新闻发布之前，新闻发布团队应当结合时下的媒体和舆情热点，尽力预测记者可能提出的敏感问题。对已预测的问题要深入分析，有明确的答问参考。

2）保持冷静、从容不迫、态度合宜

面对记者的敏感问题，发言人要有良好的心理状态，保持冷静、从容不迫、表现自然，这是有效回答记者提问的基本前提。如果有电视直播，这时任何面部表情和肢体动作都能成为传播的信息，所以要适当控制。同时，尽管强调发言人要注重仪态礼仪，应面带微笑，但是在灾害性公共突发事件中，不应该僵化地恪守日常礼仪原则等，必须考虑到相关情境，表现出庄严、悲悯等神态，否则记者会误会发言人的处理态度、能力。

3）客观陈述事实、善于积极引导

新闻发言人在回答中，首先要以真实性为第一要义，合理、客观地陈述事实和事态发展情况。在此基础上，要展开积极引导，表明党和政府公开透明、积极负责任的态度。

具体的应对方法和策略，可参见本书第五章。

6. 复杂舆情的引导与应对

本节要点提示：

● 结合日常舆情报告，深入研判舆情热点。

● 第一时间发布消息，掌控主动权。

● 发布形式可多样化、多元化。

● 动态跟踪舆情，即时调整发布策略。

1）结合日常舆情报告，深入研判舆情热点

有关部门应当在日常工作中定期搜集汇编相关舆情简报，健全舆情搜集和回应机制，以实时了解舆情概况，知晓热点、重点，并了解媒体和公众对本地区本部门的基本信息诉求和总体态度倾向，密切关注重要党务政务相关舆情，及时敏锐捕捉外界对党和政府工作的疑虑、误解，甚至歪曲和谣言，加强分析研判。在突发公共事件发生后，即可在此基础上深入研判舆论走向，有的放矢，制定出引导方案。

2）第一时间发布消息，掌控主动权；发布形式可多样化、多元化

在最短的时间内发布权威信息，可以体现政府的应急处理能力、积极应对和沟通的态度，并堵住谣言产生的可能。尤其是在社会媒体高度发达的当下，海量信息会通过微博、微信等社会媒体迅速传播，

而且这些信息以负面信息为主。在引起民众误解和不满、质疑等态度后，有关部门再去澄清，无疑增加了不必要的工作量和工作难度。值得说明的是，发布可以通过多种方式和渠道，如新闻发布会、记者见面会、主动接受媒体采访，或通过官方网站、政务微博、微信实时更新最新进展等。

3）动态跟踪舆情，即时调整发布策略

从第一次新闻发布起，就要有专人不断地跟踪传统媒体以及网络对此突发事件的报道。要有专职人员做好报纸简报、电视录像、网络报道、网络舆情的汇总。通过研究这些报道和舆情，负责新闻发布的部门主要做好两方面的工作：一是联络媒体或召开发布会纠正报道中的错误信息；二是每天写出舆情分析简报供事件处理的决策层和新闻发言人调整发布策略，如果有特殊情况应随时报告。

八、新闻发布的组织机构

新闻发布是推进党务和政务公开，提高对外舆论引导能力，提升党政部门形象和公信力的重要手段。在全面深化改革的新形势下，进一步完善党委、政府和军队新闻发布制度，进一步推动中央和国家机关部门、省级党委、政府和军队明确工作机构，整合人员力量，完善新闻发言人参与了解重大决策机制，为新闻发言人开展工作创造条件，推进新闻发言人逐步专业化、专职化等日益重要。

1. 政府新闻发布的组织机构

本节要点提示：

● 各级政府部门应当建立健全新闻发布制度，确定新闻发言人，组成新闻办公室或相应的新闻发布机构，负责新闻发布工作。

● 新闻办公室或新闻发布机构通常由舆情搜集研判组、记者接待组、新闻发布组组成。

各级政府部门应当建立健全新闻发布制度，确定新闻发言人，完善新闻发言人参与了解重大决策工作机制，为新闻发言人开展工作创造条件，推进新闻发言人逐步专业化、专职化。要加强工作机构建设，负责本地区、本部门新闻发布的日常工作，确保在应对重大突发事件以及社会热点事件时不失声、不缺位。已经设置专门机构的，要加强力量配置，把专业水平高、责任心强的人员配置到关键岗位，特别要选好配强新闻发言人。

各级政府部门的发布工作部门通常为新闻办公室。新闻办公室一般承担搜集新闻、分析舆情、拟定答问参考、联络媒体和召开新闻发布会、组织网上发布等工作，通常由舆情搜集研判组、新闻发布组和记者接待组组成。

一般来说，各级政府都应当设立新闻办公室并指定专职人员负责新闻发布工作。各级政府新闻办公室的机构设置、人员配备和规模不必强求统一，应根据各地的实际需要，在合理调配编制、适当使用财政支出的基础上统筹安排，保障必要的工作经费。各省、自治区、直辖市人民政府，计划单列市和对外交往频繁的地区应当有独立的新闻办公室，配备专职工作人员。

各级政府工作部门应根据实际情况为新闻发布工作配备专职工作人员。

2. 党委新闻发布的组织机构

本节要点提示：

● 党中央部门和地方各级党委也应当建立健全新闻发布制度，确定新闻发言人，设立相应的新闻发布机构，负责新闻发布工作。

为了进一步促进党务公开，满足人民群众的知情权、参与权、表达权、监督权，党中央部门和地方各级党委均应积极推动党委新闻发布的组织机构建设。

党委新闻发布的组织机构建设，可以借鉴政府新闻发布的机构组织建设和运行经验，授权确定党委新闻发言人，配备专门工作人员，组成"党委新闻办公室"，负责本级党委新闻发布的日常工作。各级相关新闻发布机构的人数、任务配置等，可参考政府新闻发布的模式。

3. 常设的新闻发布机构：工作职责和内容

本节要点提示：

● 负责工作的协调和实施；搜集了解、分析研判舆情信息；统一制定和实施相应的新闻发布计划；执行上级行政机关指定的新闻发布事宜和公共关系事务。

● 条件成熟的部门要设立专门的新闻发言人岗位，参与相关决策工作，并协调各级党政工作部门中与新闻发布相关的工作事务。经常与媒体打交道的党政部门，要使工作专业化、专职化。

常设的新闻发布机构，负责通过媒体向公众阐明政策，针对国内外舆论关注和公众关切，主动、及时、全面、准确地发布党和政府信息，特别是党和政府重要会议、重要活动、重要决策部署，经济运行和社会发展重要动态，重大突发事件及其应对处置情况等方面的信息，以增进公众对党和政府工作的了解和理解。

1）常设新闻发布机构的主要工作职责和内容

a. 负责新闻发布工作的协调和实施

负责指导和协调新闻发布工作，组织重要和专题新闻报道工作，特别是重大政策、重大事项、重大活动、重要会议和重大突发事件的新闻发布。

b. 建立新闻发布工作机制

指导建立舆情分析研判机构，定期进行舆情调研、舆情分析工作，在此基础上制定相应的新闻发布计划，并组织这些计划的实施。

c. 执行上级行政机关指定的新闻发布事宜和公共关系事务

根据上级要求，完成指定的各项新闻发布事务。策划、组织、指导党政机构的各项公共关系事务，塑造好、传播好、维护好党和政府的良好形象。

d. 负责本部门新闻发布制度建设和相关培训事宜

负责本部门新闻发布制度建设，负责组织和实施新闻发言人的相关培训工作。

2）常设新闻发布机构的人员配置和分工

在人员配备方面，党政机关可设置一个或多个新闻发言人，并为其配备新闻发言人助理，主要负责新闻办公室的人员管理和日常运作，代表党和政府发布新闻、回答问题。根据其他工作职责，新闻办公室要设置专门人员和岗位负责组织新闻发布、联络记者、回答问询、舆情分析以及本系统的内部沟通。

如果所在的部门和媒体打交道较少，设置一个专门的新闻办公室并配备许多人员也许有一定的困难，这些岗位可适当灵活设置，但是以上所有的工作都应该有专人负责或者由新闻发言人自己负责。

4. 临时的新闻发布机构：工作职责和内容

本节要点提示：

● 重大突发事件发生后要尽快设立临时新闻发布中心，并宣布此新闻发布中心是唯一新闻发布机构。

● 临时新闻发布中心需要有专门人员负责信息的搜集和整理、记者的联络和接待、新闻发布的计划和实施。

● "前线"（临时新闻发布中心）和"后方"（主管单位负责新闻宣传的部门）要形成密切互动的机制，工作上以"前线"为主。

● 根据具体条件，提供方便记者采访和发稿的设施。

突发公共事件发生之后，一般都需要设立新闻中心，这是因为突发公共事件的处理需要各个部门协调配合。设立新闻中心有助于统一发布内容、发布权威消息，同时避免记者到各个部门分别核实信息，让各部门集中精力到事件的处理上来。另外一个重要的原因是记者通常会聚集在突发公共事件的现场，设立新闻中心有助于消息的发布，有效地处理和媒体的关系，提高工作效率。

成立新闻中心应该遵循以下一些基本规律：

1）新闻中心的新闻发言人通常由负责突发事件处置或重大活动的主要部门新闻发言人承担。

2）为保证工作顺畅开展，新闻中心的工作人员主要是由新闻发言人原部门的新闻办公室人员构成。

3）突发公共事件如涉及多个不同的部门，需要从各有关新闻发布机构抽调人员加入新闻中心。来自各部门的工作人员除受新闻中心新闻发言人调遣外，分别负责和自己原在部门的信息沟通工作。

4）新闻中心工作人员的职责应该清晰，工作内容不要重叠。

5）新闻中心应该有专人负责信息的搜集整理、记者的联络接待、新闻发布活动的策划组织、舆情的研判分析、硬件设备的管理和涉及此事件各部门信息的沟通和联络。

实际上，新闻中心的工作职责和工作内容与常设的新闻办公室基本相同，有所不同的是新闻中心是一个非常设机构，有时候是由多个部门和地方相关部门联合组成，需要更多的工作配合。同时，平时的工作经验和工作方法的积累对新闻中心工作的顺利进行是至关重要的。可以想象，在平时工作中积累的媒体联络渠道、快速的新闻发布辞写作能力、新闻发布会策划组织经验、新闻稿件的分析能力以及高效快速的沟通能力，在情况复杂而又紧急的突发事件新闻发布工作中是多么重要。

新闻中心的工作要注意以下问题：

1）向相关部门决策层要求获取信息的权力。例如涉及公安、卫生两个部门的突发公共事件，新闻中心有权要求其中任何一个部门提供真实信息。

2）新闻中心是对外宣布信息的唯一授权机构。其他部门的信息需要统一经由新闻中心发布。例如在涉及公安、卫生两个部门共同处理的突发公共事件中，任何一个部门需要发布信息，都要经由新闻中心统一安排，而不要通过各自部门的新闻办公室单独发布。

九、新闻发布工作机制

新闻发布工作机制是相对固定的、证明行之有效的、制度化的新闻发布工作方法和为保证新闻发布工作顺利进行而设定的组织架构。建立完善的新闻发布机制，可以使党和政府的新闻发布工作制度化、规范化、专业化，对新闻事件特别是突发事件有非常强的应对能力和处置能力，无须党和政府运作指挥系统再在新闻发布方面作特殊部署和安排。

新闻发布工作机制应该包括境内外舆情搜集研判机制、重要信息核实通报机制、发布内容协调准备机制、突发事件新闻发布的应急响应机制、新闻发布评估和反馈机制、境内外新闻媒体服务机制、互联网发布和信息安全管理机制等。这些机制形成一个系统，有效地支撑新闻发布工作顺利开展，保证新闻发布工作有序进行。

1. 境内外舆情搜集研判机制

本节要点提示：

● 境内外舆情搜集研判机制的主要作用是准确地判断当前媒体和公众对党和政府工作或某些社会热点问题的态度，党政部门以此作为政策制定和调适的依据，并据此进行新闻发布，与媒体、公众沟通。

● 境内外舆情搜集研判机制包括舆情搜集整理和舆情分析判断两个部分。

● 境内外舆情搜集研判机制为新闻发布机构进一步制定传播策略提供重要依据。

境内外舆情搜集研判机制是新闻发布工作的雷达，主要作用是准确地判断当前媒体和公众对党和政府工作或某些社会热点问题的态度。党政部门可以据此调整政策、发布新闻、与媒体公众沟通，达到改善执政形象的目的。

这项工作包括舆情搜集整理和舆情分析研判两个部分。

1）舆情搜集整理

舆情搜集的主要工作内容包括检索互联网以及电视、广播、报纸和杂志等媒体报道情况，为舆情分析研判搜集足够的研究资料，以尽量做到"信息的对称"。

2）舆情分析研判

舆情分析研判就是利用现有的资料，对所关注的问题作判断分析，分析的目的主要是判断媒体和公众对事件的态度、对党和政府部门的态度和以前类似事件传播策略的经验和教训。这种分析判断是建立在第一步资料搜集的基础上，基于事实和有根据的科学分析判断，其目的是为新闻发布机构进一步制定新闻传播策略提供坚实基础和科学保证。

党和政府新闻发布机构必须设置专门的岗位或者部门进行舆情搜集研判工作，在传播任务确定以后，第一步骤就是进行舆情搜集研判工作。舆情搜集分析主要分两部分，一是常态的舆情搜集调研工作，也就是每天都必须做常规的舆情搜集和调研，提供给部门负责人参考；二是专项的舆情搜集调研，也就是就某一准备发布的主题做出舆情调研报告，报告包括现时的舆情状况和以往同类主题发布时的舆情分析。

3）需要注意的问题

保证境内外舆情搜集研判机制正常运行，必须注意以下几个问题。首先，要设置专人而且是对媒体运作、信息搜集和分析工作相当熟悉的人员负责此项工作；其次，工作要有连续性，不能时断时续；第三，用来做舆情搜集分析的工具和方法要相对成熟和完善；第四，舆情报告要有相对固定的成熟的格式，用完善的文档分类方法存放报告和文件，便于建立舆情数据库。

2. 重要信息通报核实机制

本节要点提示：

● 重要信息的通报核实机制能够保证发布机构得到及时、准确的第一手信息，在信息发布中始终掌握主动。

● 组织内部信息通报机制是自下而上的信息流动，组织内部信息核实机制往往是自上而下的信息索取。

● 必须建立一整套完善、健全的机制来预防信息通报中的"报喜不报忧"和信息核实中的隐瞒、推诿。

党和政府的权威新闻发布机构必须第一时间掌握组织各部门发生的各种突发情况，这就需要有专门的信息通报机制。同时，新闻发布机构在组织外部（舆情搜集调研等手段）得到有关组织内部（党和政府部门）的情况，需要核实确认时，就要有信息核实机制来保证内部沟通积极有效。对发布的信息，要依法依规做好保密审查，涉及其他行政机关的，应与有关行政机关沟通确认，确保发布的信息准确一致。

重要信息的通报核实机制能够保证新闻发布机构得到及时、准确的第一手信息，在信息发布中始终掌握主动。设想一下，如果在新闻发布活动中，记者提出了新闻发言人本应了解的问题却得不到确切的答案，媒体与公众就会对发言人的能力产生怀疑，更甚者会对整个党和政府的执政能力和诚信态度产生怀疑，这无疑会极大地损害执政形象。

在组织内部的信息通报核实中，比较常见的问题是信息通报中的"报喜不报忧"和信息核实中的隐瞒、推诿。这些问题会比较严重地威胁到党和政府的形象，因此必须建立一整套完善的重要信息通报核实机制来预防这些问题的发生。

组织内部信息通报机制是自下而上的信息流动，指的是在党和政府各部门发生的具有新闻价值的信息应该以最快的速度报送上一级别的新闻发布机构知晓。其中应该包括规定信息重要度的划分标准；规定与不同重要等级的信息相应的通报时限、方式和方法；指定信息通报的责任人；制定信息通报的奖惩措施等。其核心目的是保证真实的情况以最快时间报到相关新闻发布机构，以便能作出正确及时的反应。

组织内部信息核实机制往往是自上而下的信息索取，即上一级别的新闻发布机构由非组织渠道（舆情调研、媒体通报、记者发问、民意反应等）获知信息，向组织内相关部门求证核实。这个机制的作用是保证在信息核实过程中避免信息失真、隐瞒以及失去时效性。信息核实机制主要应该包括规定信息核实的责任人；从制度上确保反馈上来的信息是真实的；确保信息核实的工作流程是合理有效的；规定信息核实的时效性要求。

3. 发布内容协调准备机制

本节要点提示：

● 形成有效的发布内容协调准备机制，就必须在人员的组织架构上、在工作的组织程序上、在材料的内容形式上作出明确的规定。

● 新闻发布材料的准备包括发布方材料准备和媒体方材料准备。

在新闻发布活动中，发布内容的准备是非常重要的环节。每场新闻发布活动都要准备大量的材料，从类型上分，包括文字材料和音像资料；从用途上分，包括发布方材料准备和媒体方材料准备。一般来说，发布方材料主要是为了方便发言人能够快速地查找到相关的信息，起到提示的作用。主要包括问题和答问参考、现场新闻发布辞、新闻发布要点提示等。媒体方材料主要有背景介绍材料、音像图片资料、事实资料页等。媒体方材料也会与发布方共享，如有时候图片音像材料会在发布活动上由发言人展示，增强发布活动的感染力。这些材料的用途和准备思路在第三章有详细介绍。

会前材料准备是一个非常紧张和繁重的工作，政策性、时效性和准确性要求都很高。要形成有效的发布活动协调准备机制，就必须在以下几个方面做好准备：

1）明确几方面的规定

在组织架构上，要落实各类资料准备的责任人，形成工作制度；在组织程序上，要有富于经验的资料准备人员，明确资料的出处，明确材料的审定制度；在内容形式上，要有明确的材料分类，有相对固定的资料准备格式。

2）答问参考和答问参考库

在材料准备中，最为重要的就是答问参考准备和答问参考库的建设。答问参考准备过程中要明确答问参考拟定和审核的各级责任人、索取和提交程序、以何种形式提交、答问参考终审和批准的权力和级别。明确了以上各个程序，才能保证答问参考的获取、审核、批准等环节顺利有序地进行，防止在突发事件中出现悬而未定或者推诿责任的情况，避免贻误时机、陷入被动。

答问参考库是指某些重要问题的标准回答的汇总。通过长期积累，这些重要问题的回答形成了一个数据库，可以按照类别、事件、部门、时间等要素进行检索，在某些专题的新闻发布活动中可以用作答问参考。答问参考库的建设是个长期的工作，需要建立一套完善的措施，确保答问参考库的日常维护和不断更新，某些情况下还要规定答问参考库的查看权限。答问参考库要有专人管理，从内容上和技术上支持新闻发布工作机制的正常运行。

4. 突发事件新闻发布的应急响应机制

本节要点提示：

● 新闻发布机构和团队要随时处于待命的状态。

● 应急响应机制包括紧急情况下的人员调配、职责分工、应对的工作程序、遵守的组织纪律等。

突发公共事件发生时，党委和政府部门要争取第一时间发布相关信息，满足公众应有的知情权，取得公众的理解和支持，防止并稳定公众的恐慌情绪。《中华人民共和国突发事件应对法》要求，有关党委政府及其部门作出的应对突发事件的决定、命令，应当及时公布。履行统一领导职责或者组织处置突发事件的党委政府，应当按照有关规定统一、准确、及时发布有关突发事件事态发展和应急处置工作的信息。

建立新闻发布工作的应急响应机制，就是对《突发事件应对法》有关新闻发布部分规定的进一步具体细化。其中应该包括紧急情况下的人员调配、职责分工、应对的工作程序、遵守的组织纪律几个方面：

1）人员调配和职责分工

要明确成立临时专项小组全程跟踪处理紧急情况；新闻发言人

担任团队的指挥和管理；要确定专人分别与业务部门和媒体保持联络，为业务部门提供信息指导并及时获得媒体和业务部门的反馈；设置专人进行资料的搜集和分析，对媒体反馈的信息进行评估；必要时邀请学术机构的传播专家对危机时期的传播作出指导和评估。

2）应对突发公共事件的工作程序

应首先形成发布方案，确定第一时间所要发布的信息、后续信息所要发布的内容和发布形式；紧急情况下信息的通报和核实的标准，例如是否即时通报和反馈，由哪一级人员负责，何时恢复为常态的通报；紧急情况下对发布形式的特殊要求，例如何种情况可以开通专线电话解答问题，是否开通专门网站发布信息，是否到现场发布，等等。

3）遵守组织纪律

应该有明确的专业工作要求和规定，对信息真实性的核准有明确的规定，对新闻信息发布中保持内容一致有明确要求，对紧急突发事件中的记者采访要求的回应也要有明确的要求与规定。

5. 新闻发布评估和反馈机制

本节要点提示：

● 新闻发布机制是一系列规定和程序，用来决定信息是否发布、何时发布以及如何发布。

● 评估机制是评估信息发布的内容、方式、传播效果等的机制。

● 反馈机制可以帮助发布机构改善发布效果，调整发布策略。

1）新闻发布前

主要是解决信息是否发布和如何发布的问题。党和政府信息千头万绪，对于某些特定的信息是否需要发布，必须要有相关的规定和程序决定该信息是否发布、如何发布以及何时发布。也就是说，各级党和政府部门必须有一套完整的制度规定信息发布的决定权和运作程序。信息的发布方式同样也很大程度上影响着信息发布的效果，所以新闻发布机构作为党和政府信息发布的专职部门，必须从专业的角度策划最为适合的新闻发布方式，以增强传播效果。

2）新闻发布后

要在以往事件整体结束后评估的基础上，逐步发展到对整体事件的全过程动态评估，并要从发布现场评估、媒体效果评估，延伸到受众态度与行为评估。同时，由于新闻发布机构自我分析具有局限性，可以邀请第三方学术研究机构对新闻发布活动进行客观的专业评估。

3）发布的反馈机制

新闻发布的初始目的，一般来说有沟通民意、探测反应、答疑解惑、驳斥谣言、凝聚民心等。新闻发布之后，媒体和社会的反应如何、发布的效果如何应该是党和政府最为关心的。所以必须有一套信息反馈机制来帮助党和政府获知效果，作出进一步反应，注意发布工作的调适，在发布中建构和完善党和政府形象。

6. 境内外新闻媒体服务机制

本节要点提示：

● 新闻媒体服务机制主要分为日常服务和发布活动期间服务两大部分。

● 要进一步转变观念，树立服务意识。

新闻发布机构只有依靠媒体，才能使党和政府的声音更好地传达到公众当中，并据此产生良好的传播效果。新闻发布机构首先要更新"管理"观念，树立"服务"意识，建立一整套新闻媒体服务机制，树立良好的党和政府形象。

1）服务媒体

新闻媒体服务机制主要分为日常服务和发布活动期间服务两大部分。日常服务主要是指在无新闻发布任务期间服务记者的项目，例如接受记者的书面或者电话问询，邀请记者集体采访或专访。发布活动期间的服务包括前期、中期和后期服务三段，主要内容为准备媒体方材料，提供及时准确的发布活动通知服务，提供安全有序的发布活动技术设备服务，提供有保障的发稿服务，提供会后查询服务等。

2）转变观念

除了在制度上保证党和政府的服务功能外，还需要通过经常性的业务学习和经验总结，提高工作人员的意识，转变观念，使他们能够在日常工作中体现出服务精神。

7. 互联网发布和信息安全管理机制

本节要点提示：

● 互联网发布已经成为非常重要的新闻发布渠道，迫切需要健全和完善互联网发布的运作机制。

● 网络和信息安全涉及国家安全和社会稳定，迫切需要建立和完善信息安全管理机制。

1）健全互联网发布运作机制

面对互联网技术和应用飞速发展，面对互联网媒体属性越来越强，特别是面对传播快、影响大、覆盖广、社会动员能力强的微博、微信等社交网络和即时通信工具用户的快速增长，互联网（包括移动互联网）发布已经成为非常重要的新闻发布渠道，必须健全和完善运作机制。如网络发布管理机制、日常管理和运行机制、信息以及信源保障机制、舆情监测处置和应急机制、网络诉求和回应机制、网络评论和舆论引导机制、各项后台保障机制、线上和线下协作联动机制等。

2）完善信息安全管理机制

就互联网发布而言，迫切需要建立和完善信息安全管理机制。核心是要对网络与信息安全的涉密类型、涉密机构、等级保护、风险评估、信息通报、应急处置、事件调查与处理、专业人员管理等方面进行规范、管理和监督。确保互联网发布在保护网络和信息安全的前提下，在信息公开、主动服务、舆论引导、提升公信力等方面发挥出积极作用。

十、新闻发言人的必备素质

新闻发言人必须具备四项基本素质：政治思想素质、部门或行业的业务素质、新闻发布的专业素质以及心理素质。这四项素质各有偏重又相互交融，只有具备综合素质的新闻发言人才能担负起新闻发布这项极具挑战性的工作。新闻发言人只有不断在实际工作中培养和提升自身素质，才能更好地完成这项光荣的使命。

1. 政治思想素质

本节要点提示：

● 新闻发言人作为党和政府的代言人，必须具备很高的政治素质和思想素质。

新闻发言人可谓是身兼二职，既是公务员、国家干部，又是党和政府的代言人和媒体重要的新闻源。新闻发言人应该严格用"政治强、业务精、纪律严、作风正"的要求来指导自己的行为。

1）敏锐的政治思想意识

新闻发言人的政治思想意识，首先是一种责任意识。新闻发言人必须对自己的言论负责，认识到自己的每句话都可能与国家利益、人民利益和中国的国际形象联系在一起。

在重大突发事件发生后，新闻发言人要快速反应，及时邀请权威部门召开新闻发布会，向国内外媒体和公众开诚布公，发布信息，防止出现民心混乱、谣言四散的局面。

2）坚定的政治立场

维护国家和人民的根本利益是新闻发言人的基本立场。新闻发言人的工作，既不是为个人赚取政治资本，也不是为某个部门牟取短期利益，而是为了国家和人民的根本利益，这个立场绝不能有任何动摇。

新闻发布常处于高压力之下，面对媒体提出的各种问题，新闻发言人需要在很短时间内作出回应，如果新闻发言人内心没有坚定的政治立场作支撑，就可能在情急之下说错话，造成难以挽回的后果。

3）较高的政策理论和思想水平

新闻发言人的政策理论水平，包括马克思主义理论修养和对当前政策的把握程度。新闻发言人政策理论水平的高低，不仅体现在对理论政策条文本身的理解上，更重要的是一种运用能力。新闻发言人要能将抽象的政治概念在某一特定事件上具体化，通过分析说明使政策条文更有影响力，从而引导媒体报道，为广大公众理解和接受。也只有这样，各项政策才能真正落到实处。

当然，政策理论水平的提高不是一朝一夕的事情，需要新闻发言人自身长期的积累，也需要新闻发布制度的不断推进。新闻发言人如果能经常出席决策会议，参与决策层的考察和调研活动，不断与决策者进行深入沟通，就能更好地吃透政策，从而清晰生动地阐释和传达政策，提高新闻发布效果。

2. 业务素质

本节要点提示：

● 业务素质主要包括：熟悉本地区、本部门的情况；了解业务流程；具有较高的政策水平、理论水平和较完备的知识结构。

在新闻发布中，发言人如果能对本部门的相关情况烂熟于心，娓娓道来，所传达的内容也就更容易被媒体和公众所接受。新闻发言人应该对本部门的日常工作、运作机制、政策法规、发展方向等各方面情况了如指掌，对自身专业领域的现状和未来趋势有深入洞悉，这样讲起话来才能胸有成竹，有理有据，权威可信。与一般公务人员和专家不同的是，发言人对业务知识的把握，还体现在能将一些专业话题用通俗易懂的语言表述出来，为媒体和公众所接受。

新闻发言人的业务素质主要包括：

1）熟悉本地区、本部门的情况

新闻发言人应当对本地区、本部门历年的主要发展指标、数据有基本了解；应当对本地区、本部门近期的各项发展情况有细致了解。

2）了解业务流程

新闻发言人应该了解本地区、本部门的基本业务流程，具体流程执行程序，各个执行环节的基本风险点等。

3）具有较高的政策水平、理论水平和较完备的知识结构

新闻发言人应当具有较高的政策水平和理论水平，可以高屋建瓴地准确理解把握本地区、本部门的政策发展要点；有着完备的知识结构和语言表达能力，不一味堆砌专业术语，尽量用深入浅出的方式进行介绍，以使媒体和公众更好地了解和理解。

3. 新闻发布的专业素质

本节要点提示：

● 新闻发布的专业素质主要包括：

➢ 深厚的媒介素养：深刻把握和运用新闻传播规律；了解

当前国内外媒体发展现状；谙熟媒体运作的基本模式。

➢ 良好的公关素质：对外，处理好新闻发言人与媒体、公众的关系；对内，处理好新闻发言人与本部门、本行政体系的关系。

➢ 知识和语言素质：自然的语言艺术和深厚的知识积累。

1）深厚的媒介素养

a. 深刻把握和运用新闻传播规律

新闻传播学的多种理论都可能对新闻发布工作产生巨大启发，需要新闻发言人系统学习、用心摸索。新闻发布涉及组织传播、人际传播、大众传播等多种传播模式，要提高发布效果，新闻发言人就要努力研究每种传播模式的特点，有针对性地调整自己的行为。

b. 了解当前国内外媒体发展现状

国内外的媒体主要有哪些类型，发展趋势如何，不同媒体的政治倾向和风格是怎样，它们的兴趣点在哪里，这都是一位合格的新闻发言人需要了解的问题。只有这样，才能在与媒体的合作与交锋中沉着应对、胜券在握。

c. 谙熟媒体运作的基本模式

媒体新闻生产的基本流程是什么，不同环节上的新闻工作者起到怎样的作用，媒体在日常报道、突发性事件报道、重大事情报道等情况下运作方式有何不同，新闻稿写作最讲究什么，新闻发言人对这些都应该留心观察，仔细体会。

有了上述三方面宏观性、基础性的把握，新闻发言人在具体的发布主题选择、发布资料（包括新闻素材稿）准备、发布辞发布以及答记者问等各环节就有了科学的理论指导，能大大提高发布的专业化水平。

2）良好的公关素质

公共关系处理能力主要包括内部公关和外部公关两方面：

a. 外部：新闻发言人与媒体、公众

新闻发言人作为党和政府与媒体、公众之间的桥梁，必须强化公共关系意识，使之贯穿于日常工作中。公共关系素质首先是一种形象意识，发展公共关系的重要目标就是塑造良好形象。新闻发言人在媒体面前的一言一行、一举一动都将影响所代表的部门形象。发言人务实、诚恳、贴近群众，就会使人觉得该部门的工作作风也是如此。因此，发言人平日一定要时刻注意塑造良好形象，获取媒体、公众的更多信任，以便于各项工作的有效开展。

同时，新闻发言人要注意与媒体保持长期的良好关系。公共关系看重的是持久而稳定的关系维持，而不是"一次性处理"，以下要点都应在日常工作中加以留意：尊重媒体的工作原则，不加硬性阻拦；关注媒体的新闻报道，并以此为话题与记者真诚交流；了解记者的工作状态并表示谅解其压力；第一时间提供有价值的新闻与相关服务。当然，所有的这些做法都必须建立在以诚相待的基础上，只有这样才会使公共关系手段产生真正的效果。

新闻发布中，发言人应该注意把部门工作与对公众日常生活的实际影响结合起来；把宣讲政策和表达关切结合起来；把沟通媒体和沟通公众结合起来，这样能让公众真切地感到政府的关怀和周到的服务，拉近两者的距离。

b. 内部：新闻发言人与本部门、本行政体系

现在，很多部门设立了自己的新闻发言人，但是新闻发言人说什么、怎么说，还是受到不少落后观念的限制。因此，新闻发言人也需要特别注意与本部门决策者、相关领导的沟通，了解他们的考虑和设想，提交合理的传播方案，申请一定的发布权限，获得准确的发布口径，在重大问题发生时适时主动请求发布。总体来说，新闻发言人要提高与本部门的综合协调能力。

3）知识和语言素质

a. 深厚的知识积累

新闻发言人不仅要立足本地区、本部门，熟悉具体的业务状况，更要具备广博的知识结构和深厚的知识积累。只有如此，才能在应答记者时信手拈来，旁征博引，为新闻发布锦上添花。

首先，新闻发言人要"内知国情、外知世界"。"国情"是指基本国情的知识储备和对最新时政的了解；"世界"是指对国际形势，特别是国际舆论状况、外国记者的文化背景和思维方式等的深入了解。随着对外交流的增加，新闻发言人还要着力提高外语水平，这样才能更好地与国内外记者交流沟通。

第二，新闻发言人对于政治、经济、法律、历史等各个学科都应该有所涉猎。这能在很大程度上提升发言人从多角度理解和阐释新闻事实的能力，树立起新闻发言人见识广博、底蕴深厚的形象。

广博的知识是新闻发言人汲取不尽的丰富营养，每位新闻发言人都要做个"有心人"，注意日常的点滴积累。所谓"台上一分钟、台下十年功"，只有扎扎实实地练好内功，才能在发布活动中底气十足、精到无误、沟通顺畅。

b. 自然的语言艺术

从某种程度上说，一名优秀的新闻发言人也是一位优秀的演说家，因为两者都需要运用恰当的语言和丰富的表现力来征服场上的听众。但是，新闻发言人又不能全像演说家，过于老道的语言技巧只会让人觉得他油滑世故、缺乏诚信。因此，新闻发言人的语言艺术是一种自然、自如、不动声色的表达，这可以从语音、语调、节奏三方面加以注意。

一般来说，新闻发言人发布时要尽量避免"背稿腔"，因为这种语言模式会让听众觉得缺乏交流、不得要领，有价值的信息也会因此被湮没。新闻发言人应该对发布内容十分熟悉，将照本宣科和脱稿表达有机结合起来，注意声音的洪亮有力、音调的抑扬顿挫和节奏的缓急有别。通过这三个要素的灵活运用，可以增强听众对新闻发言人说话的关注程度，使人感受并理解新闻信息的内在逻辑联系。

同时，在准确、实事求是的基础上，运用例证、比喻、对比、幽默转化、有意重复等语言技巧，也能使新闻发言人的语言变得丰富多彩，使听众在轻松的气氛中理解新闻发言人的观点和议题。

新闻发言人高超的语言艺术是其知识、气质、学识的外在表现，需要长期的积累和沉淀，只有这样才能将技巧有机地融会在新闻发布中，实在地提高传播效果。

4. 心理素质

本节要点提示：

● 较强的心理承受力来自于新闻发言人对自身工作和定位的正确认识。

● 主动的现场掌控力使新闻发言人积极自信、游刃有余。

● 灵活的随机应变力使新闻发言人处变不惊、举重若轻。

1）较强的心理承受力

在当今信息传播时代，新闻发言人的一举一动都可能影响其所代表的国家和地区的公共形象，对党和政府方方面面的工作产生影响。所有这些都会给新闻发言人带来一定的心理压力，加之新闻事件往往无法预料，需要快速反应以应对媒体的采访，这对发言人的心理承受力提出了巨大的挑战。

面对压力，新闻发言人首先要自信，平时要认真积累各种知识，新闻发布前要做好准备，排除杂念、放下包袱接受媒体的挑战。媒体并不会苛求发言人能回答所有的问题，媒体很多时候只是需要真诚面对。

新闻发言人还应该学会如何积极地化解压力。记者的职业要求是要不断质疑真相，并不代表他个人持有敌意，当他提出挑战性问题时，不要视之为刁难挑衅，而应将其看作新闻发言人的机会和政府的机遇，不要被激怒，而应明智地对待它。这样，你就能得到媒体的尊重，进而获得公众的理解。媒体、记者千差万别且竞争激烈，新闻发言人可以和新闻办公室全体人员一起尽量做足准备工作，加深彼此了解，各自尊重对方的职业需要。相信有了这种宽容和理解就会轻松很多。

2）主动的现场掌控力

新闻发言人作为党和政府的代言人与媒体、公众沟通，其现场控制力包括对自身情绪的控制以及对场面动向的把握。

新闻发言人面对记者时，就像是进入了一场拉锯战，发言人首先必须成功地控制好自己的情绪，既不会被对方咄咄逼人的提问激怒，也不要因对方的恭维而忘乎所以，偏离主题。刚柔并济、不卑不亢、严肃与幽默相协调才能把握主动。

现场记者会运用提问的节奏、内容、倾向等各种方式将新闻发言人引入他所设定的氛围之中，新闻发言人要保持清醒，用自己的方式，将传达的内容限定在预期的范围之内。要服务于新闻记者，提供他有价值的新闻，但更应该记住自己的立场，不能被记者牵着鼻子走。新闻发言人适时调整的情绪情感、答问详简程度、语音语调以及主持人的恰当提示都可以成为掌控现场的有力武器。

总体而言，新闻发言人必须在心理上保持良好的状态，时刻关注现场的细微变化，从而作出有利的调整。

3）灵活的随机应变力

新闻事件往往事发突然，记者提问的角度也常常难以估量。据有关数据显示，一场新闻发布会出现5%到10%的内容在预期之外是可以接受的，并不代表前期准备不够充分。因此，面对这种情况，新闻发言人的随机应变力便十分关键，这是一种在原则性和总目标不变的前提下，针对具体问题能具体分析和解决的能力。具体而言，是指新闻发言人在新闻发布过程中面对突然出现的问题而表现出来的敏感、冷静、灵活、果断等心理素质。

增强应变力的关键是要温"故"知"新"，"故"就是指新闻发言人对本部门、本地区实际状况的纯熟掌握，以及在此基础上个人的应答技巧和丰富经验。有时候一些问题事先没有准备，但自己了解且有把握的还是要说，此时容不得再请示、商量，应该勇于负责。而对于某些比较敏感、甚至涉及国家机密的问题，新闻发言人要处变不惊，巧妙地运用过渡、转换来化解。另外，"新"就是指新闻发言人要时刻对新知识、新观念保持旺盛的求知欲，在思想观念和表达方式上与时俱进，才能应对不断变化的媒体和热点，作出敏锐而精准的判断与回答。

4）坦诚的态度，换位思考

从新闻发布和舆论引导的效果来看，新闻发言人的坦诚态度、换位思考的方式也非常重要。

新闻发言人在发布新闻、回答问题时，要本着坦诚的态度，尽量直截了当地正面回答问题，不"顾左右而言他"地绕圈子；要尽可能地减少空话和官话，最大程度地满足公众的知情权，真诚地服务媒体；要真诚地接受媒体和公众监督，面对过失或不作为，坦诚地承认，真诚地道歉，而不是一味狡辩，甚至往自己脸上贴金；要换位思考，能站在公众和媒体的角度，直面问题的真相，坦陈问题的要害并努力寻求解决的措施。